METÁFORAS Y OTROS POEMAS

JUAN FRANCISCO SÁNCHEZ GARCÍA

METÁFORAS Y OTROS POEMAS

EXLIBRIC

ANTEQUERA 2020

JUAN FRANCISCO SÁNCHEZ GARCÍA

METÁFORAS Y OTROS POEMAS

A mis dos familias, la gallega y la cántabra.

A Dori Castro, la mejor profesora, artífice de hacerme amar la literatura con los ojos del corazón.

PRÓLOGO

Todos tenemos sueños, anhelos, esperanzas y miedos. Sobre todo miedos. Miedos que nos limitan, que nos hacen esclavos, pero que también nos hacen crecer cuando los miramos de frente y decidimos atravesarlos para ser libres. No es fácil hacerlo. Hay que tener valor. Hay que mirar más allá. Hay que confiar. En este libro encontraréis a un hombre que, a pesar de sus miedos, confía y vive. Un hombre que a través de sus versos desnuda su alma sin temor, que escarba en sus entrañas y plasma en palabras sus sentimientos más profundos, unas veces con rabia, otras veces con dolor, otras con alegría, pero sobre todo con amor. Amor por la vida. Amor por ser.

Porque al final, ¿de qué se trata, si no de ser?

La vida es de los valientes. La vida es de los que, con coraje, luchan por lo que quieren y lo defienden, sin importar el resultado.

Metáforas y otros poemas son versos que surgen de la intimidad, de la niebla, del pozo más profundo que todos tenemos y al que pocos se atreven a bajar, pero también son versos que emergen con fuerza y descaro de la luz que brilla en nuestro interior y que nos da el poder de decidir nuestro camino, de elegir nuestro destino, de estar en paz con nosotros mismos. Porque cuando las cosas se hacen con el corazón, nunca pueden salir mal.

María Soliño

1. EN MIL PEDAZOS

Me he roto en mil pedazos, solo para recomponerme;
me he roto en mil pedazos, para borrarte de mí;
me he roto en mil pedazos, para encontrarme;
me he roto en mil pedazos, solo para olvidarte;
me he roto en mil pedazos, para no odiarte;
me he roto en mil pedazos, es la única forma de salvarme;
me he roto en mil pedazos, para recomponer lo que fui;
me he roto en mil pedazos; para distanciarme de ti.

2. TU PÉRDIDA

Decidiste marcharte y te llevaste todo lo bueno: las caricias, los besos en el cuello, los paseos al atardecer…

Hoy, el miedo a perderte se hizo patente y de golpe, como si de un suspiro se tratase, desaparecieron tus miradas, tus sonrisas, el calor de tus labios, el confort de tus abrazos. Hoy, la nostalgia y la melancolía se apoderan de mí y hacen mella en mi alma, con una mácula de dolor que nadie puede borrar.

Tu pérdida ahoga, como el náufrago en su isla impotente sin posibilidad de escape, prisionero de unos sentimientos que ni siquiera fueron eternos.

Mi felicidad se esfumó y te llevaste todo de mí, y dejaste el hastío, la melancolía y el dolor insufrible de quien se queda vacío. Sé curar mi corazón, pero sin ti ya nada será lo mismo.

3. CALLE DESIERTA

Las calles vacías, desiertas de ti, se me antojan yermos parajes sin vida, áridos de almas; sin embargo, tu espejismo permanece en mi retina como sueño etéreo añorando un beso robado en el umbral de tus labios.

4. OLORES

Llega hasta mí el aroma de tu piel, un olor que me recuerda lo que fuimos, que todo lo que dijimos se diluyó en nuestras caricias.

El recuerdo de tu aroma, ese olor que todo lo llena, evoca lo frágiles que fuimos y lo mucho que nos amamos.

5. TE BUSCO

Te busco en cada mirada, en cada susurro, en cada beso.
Te busco en cada amanecer y en cada ocaso, en un instante.
Te busco en el viento, en el rumor del agua, en cada te quiero.
Te busco solo porque sí, por no renunciar a ti, por ser mi otra mitad.
Te busco para no olvidar, para saber de ti, por si te pierdo.
Te busco y no te encuentro, solo te quiero encontrar.
¿Será esta una manera de ser feliz?

6. MIS CALLES

Mis calles, mi ciudad, hoy se me antojan áridos parajes carentes de vida. Recorro cada metro de sus avenidas, de sus angostos senderos de asfalto y sangre. Me asfixian, resuenan mis pasos con eco infinito en cada uno de sus rincones, sus sombras alargadas se ciernen tras de mí acelerando mi caminar. Haciendo caso omiso a mi propia visión, se burlan de mí con sus muecas infames y sonrisas burlonas.

7. UNA NUEVA VIDA

Una lucha sin cuartel,
una vida nueva,
mas uno aprende de sus errores y continúa.
Hoy es ese día.
Soy yo, el resiliente.
Nada ni nadie me hace sombra.
Me quiero y es suficiente para mí.
¿Por qué? Buena pregunta:
si te dejas de querer,
la muerte es inminente.

8. LLEGASTE

Llegaste a mi vida en un momento crucial. Tu sola presencia ilumina los rincones más oscuros de mi alma. Hoy prescindo de lo superfluo y lo mundano, renuncio a mis defensas y sucumbo a tus abrazos.

Todas las caricias, esas miradas que consiguieron derretir mi reticencia a volver a amar…

Te amo sin importarme el dolor. Te amo porque es la única forma de saber que estoy vivo y quererte es solo un motivo.

9. ANTE TU PUERTA

Hoy me presento ante ti. Quizás el quicio de tu puerta se me antoja el paraíso.

Y aun así tu recuerdo se desvanece como la niebla entre las calles de mi memoria.

10. MI DESVÁN

Te he perdido en el desván de mi memoria.
Hoy todo parece más frío y lejano.
Intento recordarte y mi mente se niega a obedecer.
Ella pasó las hojas del libro que escribía,
pero mi corazón no.
Pedí volver a recordarte, pero ya no tienes cabida:
tu recuerdo murió.

11. ESTA ES LA HISTORIA

Esta es la historia de una copa de vino, de una caña certera. Una broma gastada encendió el inicio. Fueron pasando los minutos para quien no quiere que el tiempo pase, que el reloj avanza su tiempo infinito. Un segundo bastó para contemplar tu mirada y una eternidad viviendo tus ojos. Y decidí sumergirme en ellos sin pedirte permiso, para llegar hasta donde tú estabas.

12. ME DI CUENTA

Sentí que pasabas a mi lado y ni siquiera me di cuenta de que nunca te habías ido.

Viví toda nuestra historia con ansia de más, para cerciorarme de que nunca dejé de vivirte.

Hoy, desde la distancia, te miro a los ojos y veo los recuerdos de tantos amaneceres juntos reflejados en tu mirada y, de repente, evoco que siempre formarás parte de mí y seremos uno solo.

13. RENACER

Me despierto y descubro que esta mañana me veo de manera diferente. Quizás hoy sea uno de esos días en que fugazmente te das cuenta de que lo más importante de todo eres tú, y en estos momentos me siento así.

Como un nuevo yo, un nuevo momento para crecer paso a paso. Al final, eso: renacer.

14. QUIZÁS

Y percibí un rumor.
Quizás no encontré el interruptor que pulsar.
Aun así, ahí estaba yo, perplejo,
murmurando: ¿es realidad o solo un sueño?
Quizás solo eso.

15. LIBÉLULA

Te soñé en un estanque.
Reflejos de plata
de una luna cansada,
medida en tus alas
hasta pararte en sus ramas.
¿Eras libélula?

16. SIN RENUNCIAR

Desistí de seguir nadando a contracorriente. Acepté que las cosas son como uno quiera que sean. Al final del túnel, me reencontraré y así viviré feliz.

17. HEROÍNA

Nunca fue distinto, solo diferente. Para ella no existe la pausa, la espera, solo la lucha de ir hacia delante, él aquí y ahora. Soy yo, y nadie se interpone entre mis sueños y mis logros, solo la fuerza y actitud para ganar.

Esa es ella: una heroína en un mundo falto de héroes.

18. QUIÉN SABE

De sombras rasgadas,
efímeros cuerpos de hormigón.
Deterioros de almas corroídas.
Innumerables sueños rotos.
Abyectos paisajes dormidos,
muertos en vida,
recuerdos de un pasado
no muy lejano del quizás,
o quién sabe.

19. ERROR

Te recuerdo así, cogida de mi mano; roces de piel sedosa desgastados con cada caricia, para recorrer la distancia infinita hacia unos labios agrietados por un mal beso o, tal vez, un errado amor.

20. INSECTO

Me miro desde dentro, me disocio de mí para verme desde fuera. ¿Para qué? Ni siquiera yo lo sé, solo soy etéreo en un universo cambiante, sobre un lecho de calmas aguas recorriendo su superficie cual libélula etérea.

21. PASADOS

Sembrando un pasado dormido,
perdimos un tiempo precioso,
precario y muchas veces vacío.
Racimos de frutas maduras
como huesos podridos.
Quizás momentos escuetos,
mas nunca nos conocimos.

22. SOMBRAS

Sombras que todo lo cubren
de mantos oscuros,
rasgos de luces brillantes,
tonos dorados, fuimos distantes.
A veces morimos;
otras, en cambio, solo nos perdimos.

23. YACIENDO

Hace ya un tiempo
de algo que fuimos.
Yo te despierto. ¿Y tú?

Serás hoy un rescoldo encendido,
mácula de corazón,
incesto de otro amor prohibido.

¡Mírame!
Sí, yo soy así,
que no y, a la vez, que sí.
Viniste y, sin embargo,
aquí por fin yací.

24. EL TIEMPO

El tiempo se detiene,
se acurruca a mi lado,
arremolina momentos,
sentimientos olvidados.

El tiempo no duerme,
no pasa y resuelve,
renace y no muere.

El tiempo es tú y yo,
somos todos y nadie,
faros luminosos
alumbrando bosques frondosos.

El tiempo es oda al amor,
elegía de muerte,
canción de cuna,
reflejos de luna.

25. ¿QUIÉN ERES TÚ?

¿Quién eres tú,
que ni siquiera yo te conozco?

Viniste una noche,
¿para qué?
Jugaste un momento
para luego alejarte.

¿Quién eres tú,
que dijiste me vuelvo
y al final te marchaste?

¿Quién eres tú,
si solo mirarte
bastó un momento
y fue frustrante?

¿Quién eres tú?

26. DISTANCIA

Distancia es recorrer con mis besos cada rincón de tu boca desde la lejanía; es tenerte lejos para sentirte cerca; contemplarte una y otra vez acariciando cada mirada tuya, la lejanía de caricias contemplando cada lágrima, cada aroma tuyo. Recóndito paraje de sueños tuyos y míos juntos en un solo ser. Amarte, observarte, disfrutarte, soñarte y, sin embargo, volver a tenerte.

27. SOÑAR

¿Soñar?
Sí, te sueño en cada rincón,
cada recodo en el que te veo
recojo una y otra vez eso.
¿Y si no es verdad?
¿Y si es solo un espejismo,
un epitafio de un sueño perdido?
¿Soñar?
¿Es lícito quererlo?
¡Quién sabe solo eso!
¿Soñar?
Sí, soñar es difícil a veces,
pero soñar
nos trae recuerdos,
rememora sentimientos y olores
de lo que creíamos olvidado.
¿Soñar?
Sí, ya ves, yo también te sueño.

28. LLUVIA

Llueven lágrimas de la diosa Ceres,
que empapan con su agua
las islas que ante mí se presentan.

Llueve el fulgor de un plata brillante,
traspasados umbrales de rocas emergentes.

Llueve, porque es néctar de vida
de esta tierra generosa y llena de heridas,
henchida de orgullo, de las que mana su vida.

29. INTROSPECCIÓN

Me disuelvo, me contemplo,
otra perspectiva.
Me miro, me observo
como un mero espectador.

Me evado desde el umbral de mí mismo.
Me gusta lo que veo.

A veces me diluyo en mis recuerdos,
para manar de nuevo
como agua de fuente,
manantial interminable.

Agoto cada segundo
para volver a quererme
desde mi propia perspectiva.

30. PARA MÍ

Para mí eres eso:
el sol de la mañana,
el ocaso de la tarde,
los ocres del amanecer.

El turquesa del mar,
el susurro del aire,
un te quiero en la noche,
una caricia en el cuello,
una mirada lasciva
de sueños robados.

Para mí eres eso:
el olor a ropa lavada,
el césped recién cortado,
el rumor del agua,
el principio de nada.

31. SALA DE ESPERA

Te veo esperando tu turno en la consulta, sala de espera silenciosa y, sin embargo, atestada de ruido. Quizás no sea más que una sala de espera.

Miro en todas direcciones y noto tu ausencia. Viniste a recomponerte y, aun así, la vacilante dilación de estas paredes se hace tediosa, pero merece la pena solo por contemplarte.

32. OLVIDO

Me reescribo una vez más
para no olvidarme de mí.
Aunque me veo,
no soy capaz de reconocerme.

33. POR UN INSTANTE

Y pasó lo que tenía que pasar:
un instante fugaz
como vuelo de libélula
etérea, liviana, sin otro motivo
que el deseo de volar
en libertad.

34. METÁFORAS

Aquí estoy, apoyado en la ventana,
viendo las metáforas revolotear
como mariposas de colores
que se posan en el alféizar de mi ventana

sin llegar a quedarse,
mientras miro a la gente absorta
en sus mundos virtuales
incapaces de atisbar

que sus vidas se diluyen
tras sus pantallas
de manera metafórica
y absurda.

35. YELLOW

Pongo la radio y en Los 40 empieza a sonar Yellow de Coldplay. Y así me veo hoy, amarillo. Mi cara reflejada en el espejo amarilla, mis dientes amarillos (no es sarro), mis ojos amarillos (mi hígado está bien), nuestras conversaciones amarillas. O sea, hoy todo mi mundo es YELLOW.

36. PIENSO

Pienso, luego tengo conciencia de mí, y si no pensara, sería yo o un esbozo de mí en otro tiempo. Quizás no sea más que otro proyecto de mí, solo que menos real y más ficticio. Al final, ya no sé quién soy o siquiera qué es este momento, si uno más de mis muchos yo.

37. VAGABUNDO

De repente me encuentro vagando,
oteando el futuro;
me encuentro, y muchas veces
niego mi propia realidad.

Que sea hoy o no, ya es
un concepto de mi propio ritmo,
metáfora del día a día
para no pensar en otro sueño
que se desvanece una y otra vez.

38. HACIA ATRÁS

Mirando hacia atrás, no veo nada.
Todo se fue.
Solo pienso en seguir adelante.

Hoy el atardecer me parece más tierno
que el anochecer de ayer.
Sigo mirando hacia atrás
y no hay nada más que espacio vacío.

El ocaso que todo lo cubre
me asombra en un momento de duda.
Aun así, sigo mirando hacia atrás.

39. A BURACA DO PAVERO

Llego a trabajar a las ocho y nada más cambiarme empieza el jaleo. Las comandas se suceden: que si zorza, que si calamares, que si jamón asado, más bocatas, otra ensalada… Y yo atisbo desde la ventana de la cocina. Los veo comer y me pregunto hasta cuándo. Me gusta mi trabajo, pero detesto a la gente y entre tanto más comandas. Mis pensamientos se diluyen. En fin, hasta los huevos de tanta comanda, tanta comida y tanta gente.

40. INTEMPERIE

El agua golpea con fuerza
las ventanas de mis ojos,
difuminando tu rostro,
lágrimas que emborronan tu recuerdo.

Quehaceres diarios
para no perder tu reminiscencia,
musas errantes
bajo los cristales de mis ojos.

Miradas rutilantes. ¿Para qué?
Escaparte entre tanta lágrima,
torrente de sueños
perdidos para siempre.

Así quedó mi alma,
a la intemperie
de un beso robado
en un aguacero persistente.

41. ¿A QUÉ HUELEN?

¿A qué huelen mis sueños?
A jazmín, a azahar, a mar.
¿A qué huelen mis sueños?
A yesca, a hierbabuena, a menta.

¿A qué sabe el otoño?
A hierba recién cortada,
a lilas, a amapolas,
o a tus labios.

¿A qué huelen mis sueños?
A oropéndolas, a rúcula, a miradas,
a mar turquesa, a lágrimas saladas.

Y, al final, ¿soy yo el del sueño,
o son solo tus sueños?
Será que yo te los robo
o, simplemente, eres tú.

¿A qué huelen mis sueños?
Ya lo sé: mis sueños huelen a ti.

42. SOLEDAD

Hoy cada frase que escribo
me sabe a ti.

Hoy no veo más allá
de un momento fugaz
que se escapa con tu mirar.

Desgrano estas torpes líneas
para evitar el desamparo.
Qué sabrán ellos de eso
si mi soledad es así.

¿Cuál es mi meta?
¿Describirte? Eso sería mucho.
¿Mirarte? Eso sería poco.
¿Y amarte?

Hoy mis ojos se secan,
mis lágrimas saladas no brotan.
Hoy el otoño se presenta
y mi soledad se llena.

43. PERFECCIÓN

Se vistió de negro, acoplando cada costura, cada pliegue de su vestido a su exuberante cuerpo. Cada centímetro de tela se acomodaba, acariciando con mimo cada uno de sus miembros, mientras descendía por los hombros cubriendo su larga espalda, acompasando sus caderas, abrazándolas con ternura, para caer lánguidamente sobre sus torneadas piernas largas, esbeltas, perfectas en toda su extensión.

Una mirada fugaz al espejo no hizo sino corroborar al descubrir su reflejo que la perfección existe. «Está claro que soy yo», pensó. Y una sonrisa afloro en la comisura de sus finos labios, dejando ver dos hileras de blancos dientes como el nácar para, acto seguido, girar sobre sí misma y comerse el mundo.

44. POR AMOR

Otra mañana más sentada frente al espejo
contemplando tu reflejo y descubriendo los efectos
de otra noche de amor.

Los labios húmedos de esa tinta líquida,
de un carmín intenso que rebasa la comisura
de tus labios ajados, amortajados por los golpes.

Que con cada gota empapa
de un vermello intenso,
mácula carmesí que se extiende por toda la blusa.

Aun así, sigues la misma rutina
de días anteriores: exprimes la base de maquillaje,
incluso el roce de la esponja duele.

Extiendes una capa tras otra
para ocultar esos colores
que van del morado al ocre hasta el amarillo pálido,
sobre una piel ya macilenta, rugosa, ajada,
moribunda de tanto amor.

Y es que te quiero, te dijo.
Esto hago por tu bien, mi vida.
Así te quiero yo.

Eso cuando no te decía:
eres una mierda,
sin mí no eres nada,
en buena hora te conocí.

Un día tras otro,
una noche tras otra,
un año tras otro,
ese amor se convirtió
en el estigma de costumbre,
en tu día a día.

Esto te llevó a dejarte poseer
sin resistencia, sin oposición,
y tú te dejabas mancillar
para no provocar más ira.

Cada caricia suya era una arcada.
Su aliento fétido, que apestaba a alcohol y tabaco,
ese hedor a perfume barato
a princesas de saldo y esquina, como canta Sabina.

Incluso llegaste a pensar que era lo normal:
el amor debe ser eso,
mientras en tu interior piensas
que va a cambiar.

Pero nada cambia
hasta que, de repente, todo gira

y sí, hay cambio.
Todo ese dolor y sufrimiento se tornó paz,
y de la nada surgió una luz cegadora,

brillante, que con su luminosidad todo lo inunda.
Y la paz llega. No sabes explicar la sensación
cuando tomas conciencia de ello
y te das cuenta de que el sufrimiento y el dolor
se apagaron.

Te das cuenta de que, por fin, estás muerta.

45. CENIZAS

Las caricias del tiempo,
fugaz vestigio de una vida,
se difuminan
por cada rincón de mi mente.

Hoy, recuerdos pasados
de un tiempo vivido,
cenizas que todo lo cubren
me recuerdan otras vidas.

Conceptos de un amor imposible,
de sueños rotos, de más ceniza
que hoy me revelan
lo fugaz de todo.

Todo dura su justo tiempo.
Hoy, ayer y siempre
las cenizas del tiempo
son solo eso: cenizas.

Mechas de un fuego abrasador
que todo lo arrasa,
creador de las cenizas
que me recuerdan a ti.

46. LÁGRIMAS

Sí, mis lágrimas emanan
deslizándose por mis mejillas
como arroyos salados
empapando la arena.

¿Por qué me siento vacío?
El astro me susurra al oído
y la soledad murmura
deja de llorar.

¿Aun así dejaré de llorar?
Mis ojos se mostraron conformes,
me apresuro a seguir.

Quizás solo es un mal sueño.
Ni tan siquiera tu falta
ni mi olvido
dejarán a mis ojos
derramar una lagrima más.

47. LAS FRASES DE MARUCHI

Fai favor.
Fran, fai favor.
Fran, fai favor,
bota unha de calamare.
Fran, fai favor,
non pagas unha tortilla.
Fran, fai favor,
fai favor,
botáme unha de peméntos.

48. POZO

Pozo de inmunda soledad,
averno donde se queman
los sueños.

Pozo de inmunda tristeza,
donde mis lágrimas
se ausentan de mí.

Pozo de inmunda amargura.
Cada segundo que estoy atado a ti
me sumerjo más y más.

Pozo de inmunda ignominia,
de palabras, solo palabras,
unas tras otras,
que siempre me hablan de ti.

Pozo de inmunda desesperanza,
de viaje a la sombras,
de pérdida irrecuperable,
de ese abismo insalvable.

49. VIRTUD

Tú colmas de interés
mi innegable virtud,
y aunque mi literatura sea virtuosa,
no soy más que un aprendiz
de todo y de nada.

Soslayando cada momento,
imaginando motivos,
rememorando imágenes,
mi virtuosidad se esfuma
como el ocaso en la noche.

Hoy dependo de ti,
mi musa, mi yo.
¿Un reflejo de mí?
Quizás una caricatura cuyo rostro,
mostrando una mueca macabra,
me sigue recordando a ti.

50. PECADOS

Purgo mis pecados,
los cipreses me observan
desde el altozano.
Hoy predecid mi propia ignominia.

Sentir de un pasado,
de volver la vista atrás,
mi motivo y un sí quiero,
yo lo sé.

Es por eso y, aun así,
sigo siendo yo y, por un poco más,
resuelvo pagar por mis pecados.

Silencio de una tumba,
puertas que niegan mi umbral,
las sendas de un paraíso.

Para mí, ideal inalcanzable,
mientras me preparo
para purgar mis pecados.

51. EN EL UMBRAL

Y en el umbral de tu puerta
me quedé un atardecer
para descubrir
que fue toda una vida esperándote
para poder amarte solo por un segundo.

52. EL DÍA D

Las sombras que inundan
cada rincón de mi alma
todo lo ensombrecen.
Se disipan hoy con la luz de tu sonrisa
para iluminar una vez más mi camino.
Hoy para mí es mi zona cero,
mi día D.

53. UN SUEÑO

Hoy tuve un sueño,
hoy tú no estabas,
esa imagen tuya se diluyó
en cada segundo de mi sueño.

Hoy te aprendí,
hoy decidí olvidarme de querer,
pero solo fue un momento fugaz
de mi mente.
Aunque te seguiré soñando,
esa bruma tuya se acentúa
y cada vez que te pienso,
se difumina esa presencia tuya
que todo lo esconde.
Aunque te seguiré esperando,
he aprendido a no quererte,
a no morirte
y quizás, solo quizás,
a olvidarte.

54. LAS LUCIÉRNAGAS

Y las luciérnagas elevaron el vuelo con su luz trémula en la noche más oscura, como fanales encendidos iluminando el camino que habitamos tú y yo, para en un suspiro desvanecerse como las arenas del tiempo, convirtiendo en cenizas todo cuanto fuimos, diseminando los recuerdos en una suerte de bruma atemporal, por la cual fuimos olvidando lo que nos unió antaño.

55. LA SOLEDAD ES...

La soledad es ese sentimiento que nos atrapa mientras nuestros sueños se difuminan en el devenir de nuestras vidas; insolente recordatorio de lo efímero de nuestra existencia; intentos banales de nosotros mismos en el engaño de sucinta realidad; arrogante por exhortar mis sueños de compañía, mientras sorteamos la frustración en un intento de compadecernos de nosotros mismos por puro egoísmo de estar encima de esa naturaleza que llamamos humana.

56. SOBRE LA LUNA

Y la luna se convirtió
en un pequeño punto luminoso,
oteando desde la distancia
el devenir de la noctámbula soledad
que extiende su manto oscuro por cada rincón.
Mientras su luz trémula
titilaba como fanal encendido,
mostrando los últimos estertores
de su itinerante luminosidad.
Mientras difuminaba su contorno
como velo de nostalgia,
derramando las últimas lágrimas
en el océano del tiempo,
oscureciendo su faz
hasta la siguiente oportunidad.

57. AMOR

Un tenue murmullo en una sola noche vacía con el grito de un silencio amargo. Discurre un lánguido estertor de un vacío solemne en cada vestigio de ti.

Vacua es la esperanza que se cierne sobre nosotros, sin disimulo, contemplado únicamente por el deseo de destrucción, auspicio de la lúgubre promesa de amor eterno. Carente de todo sentido para aunar al mundo en una visión patética de nosotros, arrastrados por el deseo incontenible de esa frugal pasión que todo lo corrompe por tiempo indefinido a la que llamamos amor.

58. DE SÁBANAS FRÍAS

Un breve silencio,
respiración acompasada,
tierna sonrisa
de la manera acertada.

¿Acaso sufres?
Pregunta retórica.
Quizás la respuesta
no sea tan corta.

Pliegues de cama
de sábanas frías,
tus manos y las mías
miradas y mentiras.

Nostalgias y vidas
distantes y heridas,
quereres distintos,
amores exiguos.

59. FOTOGRAMA

Si esta fuera la última
instantánea de mi vida,
no habría mejor recuerdo
para pasar al otro lado
que la suavidad de tus ojos
reflejando tu mirada
en el umbral de mi alma.

60. BINOMIO

Estoy aquí. ¿Qué haces?
No sé, ¿y tú?
Entré para encontrarte,
llevo años sin verte.

Pero no me conoces,
¿cómo vas a encontrarme?
Porque seguí tus sueños
y acerté donde dormitan.

Eso fue en un tiempo pasado,
ahora ya no soy ese.
Sí, lo sé, pero quizás solo sea ese
el motivo de buscarte.

Lo sé, pero hace mucho que te tengo
y, aun así, no me conoces.
Sí, sí te conozco.
¿Por qué?
Porque yo soy tú, y tú eres yo.
Somos uno y ninguno, somos todo y a veces nada.

61. MARIPOSAS

Contemplo las mariposas,
acompasado batir de alas,
sostén de su ingrávido cuerpo,
ejemplo de ti.

El refulgir de tus ojos
resuena en mi pensamiento,
preludio de otra noche más,
sueños rotos y sábanas frías.

Despierto empapado de ti,
salto de caída libre,
lechos húmedos de olvido
y las mariposas baten sus alas.

Un día más y, aun así,
perdido una vez más,
sueño despierto y es fugaz,
y las mariposas baten sus alas.

62. MI SED DE TI

No saciaré mi sed de ti,
trémula lujuria.
¡Oh, lascivia incontenible,
locuaz deseo, razón de ti!

No saciaré mi sed de ti,
incertidumbre de amor,
corruptos pensamientos

hacinados en el vertedero
de tus sueños.
¡Oh, trémula lujuria,
no saciaré mi sed de ti!

63. DE OTROS PENSAMIENTOS

Qué exiguo es el espacio,
ya mi mente
no consigue albergar
tan exigua esperanza.
¿Un nuevo principio?

¿Acaso mis dudas emancipan mi razón?
Es hora de regresar,
de retornar al sendero.
Miro atrás, veo el vacío,
mi anhelo de futuro.

Mas me siento condenado,
un presente taciturno
y rebosante.

64. IMÁGENES

Mi vida es una sucesión de imágenes
en las que tú perduras en el tiempo,
anticipando el momento
de una nueva manera de quererte.

65. SOMBRAS FUTURAS

Dicen las sombras futuras
que sedientas de amor
persiguen recuerdos.
Renace ese momento delicado y fugaz,
mirarte a los ojos, echar la vista atrás.
Fuimos verano, otoño,
no vimos venir el final.
Un tiempo para ti y para mí,
nos dejamos de amar.
Hoy decido seguir un poco más,
quizás así pueda volver a empezar.

66. LOS HILOS DE TU MIRADA

En los hilos de tu mirada
tejo una montaña de recuerdos
que me llevan a descubrir
la extrañeza de esa ausencia tuya,
tan embriagadora, que corrobora
un segundo de ti,
una vida eterna para mí.

67. SUERTE DE HECHIZO

Una suerte de hechizo que mi vida
solo encuentra en el reverso de tus besos.
Soy un alma que se consume
de manera fugaz
entre los recuerdos de tus abrazos.

68. FERIDAS

Unhas feridas abertas
que nunca cicatrizan;
unhas bágoas que durmen
nos olhos do amante ferido.
De xeito, recordo nun suspiro
no teu carón é poñome a pensar
que ti xa non poderas pechar
o meu cor.

69. AS BÁGOAS

Hoxe o ceo azul perdese
na inmensidade dos teus ollos
cheos de bágoas que estan a susurrar
dos nosos recordos,
sen que eu sexa capaz de falar deles.
Teño a nostalxia aferrada na miña alma
de volver atrás no tempo,
anaco do tempo infinito da esperanza.

70. PREGUNTAS

Como justo lo veo, simple deseo,
acaso estos sonetos de un sueño incompleto.

Sueño límpido, serás hoy mi abismo.
Sueño lo que veo, veo lo que sueño.

Imborrable el sentido, no corresponde lo escrito.
Este será mi sino, he perdido el camino.

Sueños son los que veo.
Tengo sueños y espero.
Te veo abajo y creo.
Por fin estamos a cero.

71. TESTIGO

No sé si acertaré lo que escribo.
Es más, no tiene sentido.
Todo lo más que te pido
es esperar un suspiro.

Intento no caer
y, sin embargo, he caído.
Propósito de llevar el destino
para volver a caer en el olvido.

Lánguidas noches llorando
sin apenas respiro.
Siento la terrible herida
de haberte perdido.

Lúgubres se vuelven las noches
por entender los colores
que en mi alma crepitan
sin saber lo que lloras.

72. PÁGINA EN BLANCO

Siento mi golpe,
un tictac dentro de mi corazón.
Cúmulos de nostalgia,
irremediable es el dolor

Página en blanco,
un poema olvidado.
Cuando negado vuelva,
seré un momento cerrado.

Un novelista perdido,
un corazón herido
cercenado por la razón
de un sencillo adiós.

73. UN MANTO DE SOMBRAS

Un manto de sombras
cubiertas de fina luz
ahogada en momentos
dentro del ocaso moribundo.

Crisálida de amor imposible
sobre un mar de dolor,
apaciguado entre sombras
en un valle de espectros.

Hacia un desierto camino
reclamado de dulce néctar,
a orillas del río engalanado
susurro del corazón.

74. VIVENCIAS

¿Me doblegaré?
Hoy moriré. ¿Y ayer?
¿Será eso lo único?
Pasado que no existe.

Lugares que no miro,
vivencias quisiera en mí,
locuras de otras vidas,
salmos del mantra recitado.

Seremos seres extintos
en universo finito,
doblegado al capricho
de un incierto destino.

75. DECISIONES

El amanecer de un nuevo sueño,
impertérrito ocaso de una vida,
señal lúgubre del pasado.

Perniciosas decisiones
sobre mantos de vidas pasadas
remendando desgastados sonidos,

jalonados sobre escaleras doradas.
Empecinado en tesis baldías,
negros intelectos ya negados.

¡Oh, dulce calor,
sobrado ya en un frío invierno
desgaste de un mero final!

76. EL BESO QUE TE DI

El beso que te di fue como un susurro
al oído de un te quiero eterno.
El ocaso de un te amo.
No es más que un sueño,
paradoja de una historia baldía
hoy olvidada en el confín de los tiempos.
Un dulce recuerdo de mí.
¿Te acuerdas cuándo nos besamos?

77. LÁGRIMAS DE ORO

Lágrimas de oro
recorren cada poro
luchando en cada recodo
cubierto de un todo.

Lágrimas de oro
suspirando por un todo,
caldeando uno solo
será hoy un logro.

Lágrimas de oro
bañando uno a uno.
Todo lo dicho queda solo.
Una vez más me olvido.

78. REO DE MIS MIEDOS

Bajo una nube de dudas
sobre un mar de sueños
hoy navego hacia mi fin:
soñar un mañana mejor.

Despuntar al alba un miedo,
error de una sola vez
con solo mi mirada
a través de mí. Eres tú.

Sueños de lunas y soles,
amarguras y pasiones
sobre lánguidos ríos
de aguas rotas.

Hoy soy reo de mis miedos
de superficies cristalinas,
sumergidos abismos infinitos,
arrebatos de una vida sin sentido.

79. EL AROMA DE TU PIEL

He perdido el aroma de tu piel
olvidado en el tiempo,
añorando tus caricias una vez más
sin posibilidad de redención.

He perdido el aroma de tu piel
suspirando por un beso más,
deseando una locura irracional.
Hoy te echo de menos.

Recuerdos de un futuro pasado,
renombrado lo vivido
hoy sigo sin rumbo, perdido,
sin más ya te olvido.

He perdido el aroma de tu piel
borrando un suspiro querido,
quejidos de un loco
añorando el tiempo vivido.

80. MÁS ALLÁ

Un mar de lánguidas aguas.
Caronte transporta sus almas.
Espera a su otra orilla
el redentor del averno.

Unas pocas monedas bastan.
Sucumben al odio.
Hoy sangran sus lágrimas,
un odio incierto.

Caronte me sonríe,
quizás no tenga que volver.
Me despierto y estoy vacío
una y otra vez.

Dios de un infierno voraz,
solo soy un títere en sus manos.
Caronte me mira,
se gira y vuelve a reír.

81. MAR DE ESTRELLAS

Me adentro en el agua
fría y transparente.
Refleja la luna roja
de espaldas al océano.

Veo un mar de estrellas.
Hoy Casiopea recrea tu rostro,
inunda mi mente,
atormenta mi vida.

Tu rostro reflejado,
un mar de estrellas.
Languidecen mis sueños,
tu cara se burla de mí.

Un mar de estrellas
de un cielo negro,
luz de luna ilumina
un rostro de diosa.

82. MALDITOS CUERVOS

Como dinero caído del cielo
los cuervos cantan.
No entiendo su canción,
solo oigo silencio.

Mis pies se hunden.
Hoy suena nuestra canción.
Malditos cuervos, no paran,
hablan y hablan.

Sigo cubierto de barro.
Por fin, el silencio calla.
Me sumerjo más y más,
ya nada sirve.

Ellos siguen con su cantinela.
Malditos cuervos.
Sigo su conversación
sin saber lo que dicen.

Este barro todo lo cubre.
Sigo hundiéndome.
Grito ¡ya basta!
Por fin, despierto.

83. PERFORANDO TU ALMA

He mirado a través de ti.
Perforo tu alma,
veo mi propio rostro
sin sentido en mi ignorancia.

La misma obra seca
se derrumba y, quizás,
una y otra vez,
deambulo por mis otros sueños.

Sigo cayendo, atravieso tu alma,
mi corazón deja de latir
sintiendo la punzada.
No te veo.

Aparece una y otra vez.
El desierto está delante,
muerta está mi seca garganta
donde mis gritos ahogan.

En un infierno de silencio
he mirado a través de ti,
y perforando tu alma
por fin he regresado.

84. NACIMIENTO

Te he visto brillar.
Hoy me he dado cuenta,
por fin un ángel nace dentro de ti.

Hoy me he dado cuenta
de que engendras una nueva vida,
dentro de ti mora.
Germinada desde el amor
crece esa criatura
dador de luz y amor.

Hoy me he dado cuenta
de lo mucho que te añoro.
Dentro de ti generas vida.
Hoy seré yo y mañana él,
dentro de ti crece tu luz,
desvelos y alegrías.

Por fin hoy consigues
todo lo que añoras.
Hoy por fin eres madre.

85. DE AMORES ERRADOS

No habla la luna,
dorado amargo,
analogía de un amor
hoy ya nunca mostrado.

Te amo incluso odiándote,
te amo a cada minuto,
me asomo a tu mirada,
ojos azules, océano vacío.

No habla la luna,
incluso muriendo te amo,
te amo a cada segundo
del lacerante amor, oxidado ardor.

Te amo incluso sin amarte.
Te amo desde el primer día.
Te amo sin conocerte.
Te amo ahora y siempre.

Será una y otra vez
tu piel, tus ojos, tu aire,
incluso soñando te amo.
¡Ah, una vez más, te amo!

86. DEL TIEMPO

¿Cuándo se para el tiempo?
Cerca tu mirada y la mía.
¿Te veo en sueños?
Te sueño despierto.

Aun cuando el tiempo eres tú,
luces del día.
Si tú eres mi espejo,
¿soy yo tu mirada?

Para un tiempo finito
hoy decido ser yo,
de un solo te amo,
puede que solo sea eso.

Si el tiempo soy yo,
de un sueño solo
tu mirada refulge
un sueño solaz.

Para un solo tú
debo de ser yo.
Cuando miro aquí,
tú ya no estás.

87. Y RESULTÓ SER...

Y resultó ser que la luna lo amaba más que a su propio reflejo.
Y resultó ser un amor imposible. Aunque se extinguiera, durante ese instante se amaron
Y resultó ser que ya no eran ni él ni ella, sino los dos en uno solo.
Y resultó ser que la luna lo quiso mucho menos cuando su reflejo murió.

88. AIRES DE VERANO

Soplaba una brisa fresca. Para ser verano el aire era un poco más frío que de costumbre. El viento alborotaba su melena rubia y tañía de reflejos ocres la superficie del agua. Un mar, por momentos color turquesa, rivalizaba en belleza con el color de sus ojos, y un atisbo de paz asomó por un momento a la alcoba de su mirada. Quizás fue eso, solo un sueño, porque por más que lo intentó aquel sueño se desvaneció.

89. UNA NOCHE EN HOLLYWOOD

Una cena romántica, el olor a especias y el aroma de la comida inundaban la estancia. La mesa puesta con mucho cariño y un centro de flores completarían el inicio de una velada que se antojaba memorable. Un cruce de miradas y las caricias les recordaban el apasionado romance de Clint Eastwood y Meryl Streep en Los puentes de Madison, mientras en el equipo de música John Coltraine desgranaba su melodía con el saxo. Después de la cena, los besos y caricias aumentaron la intensidad del encuentro para dar paso a algo más y liberar toda la pasión retenida hasta ese momento. Eso hizo que se fundieran en uno solo añorando un amor eterno.

90. *WHY WORRY*

El sol ya atisba su ocaso al final del día. Es ese momento en el que quizás los sentimientos se hacen más visibles, una razón que más parece una incertidumbre.

En la radio suena *Why worry* de Dire Straits. Mi mente viaja al momento en que nos conocimos. El título lo dice todo: para qué preocuparse y, aun así, yo me preocupo. Puede que sea mi inseguridad o que ya no soy yo, puede ser una mezcla de nosotros. Nunca antes amé así y hoy será ese el momento de para qué preocuparse. *Why worry.*

91. ATARDECER

Las calles languidecen con el fin del día. El sol se oculta huraño. Un día más las sombras de los edificios se alargan y las figuras de sus propias almas se eternizan con el último estertor de un ocaso otrora interminable y siempre efímero. Los días son solo eso, pétalos de una flor marchita, ajada por un tiempo triste, compendio de un mal sueño de quien no se queda cuando la realidad es que los dos ya nos hemos ido.

92. LOS OCRES DEL OTOÑO

Los ocres del otoño se difuminan dejando paso a los grises del invierno. Mi reflejo en el espejo lo dice todo: barba de cuatro días y una sensación asfixiante de abandono.

Eso es lo que me queda, el vacío de mi corazón, la inapetencia del alma, la vacuidad de tus palabras, la soledad de tus caricias… Es lo que me queda desde tu partida, y un cúmulo de sábanas frías.

Una vez más me toca perder y mi corazón atesora una nueva cicatriz. Quizás no debí amarte, pero yo soy así. Amo con intensidad, porque no sé amar de otra manera y es la única forma que conozco. Todo o nada. En cuestiones de amor las mitades son de cobardes.

93. UN ESPEJISMO

Solo fue un momento, nada más. Acaso al verlo pensó en lo peor, pero nada más lejos de la realidad. Simplemente fue eso un susto, un espejismo, una mala jugada de su mente. De repente, los pensamientos afloraron con nitidez y de sus verdes ojos manaron las primeras lágrimas. Quizás nunca pensó que eso fuera posible, pero así era el destino, caprichoso y siempre impredecible. Aun así, esa sensación la acompañaría ya el resto de su vida.

94. SIN COMPROMISO

Nos abrazamos y, por un instante, fuimos felices. Yo aspirando su aroma y ella acariciando mis ojos. Nunca nos comprometimos, pero quizás fuimos amantes. Unas veces soñando con nuestros cuerpos y otras besando con nuestras miradas. Al final, solo sería eso, una relación de amor etéreo y sin dolor. Aunque siempre duele, el amor es dolor, para bien o para mal, poco importa si al final nos conseguimos amar.

95. CICATRIZ TRAS CICATRIZ

Un beso furtivo,
una sonrisa robada,
una mirada fugaz,
mácula de amor en el corazón,
el calor de tus abrazos,
el sonido de un te quiero,
susurro de un amor efímero.
Lucha constante por seguir amando
para nuevamente fracasar.
Cicatriz tras cicatriz,
acicate del alma,
fracasar una y otra vez
para volver a amar una vez más
sin importar el porqué,
solo amar sin esperanza,
querer sin nada a cambio
para volver a errar.
Confundir al corazón
para, una vez más,
volver a perder.

96. HOY DETENGO EL TIEMPO

Hoy detengo el tiempo
para contemplarte un segundo más.
Hoy detengo el tiempo
por escuchar tu voz una vez más.
Hoy detengo el tiempo
para verte mirar.
Hoy detengo el tiempo
para no dejarte marchar.
Hoy detengo el tiempo,
sin embargo, no estás.
Hoy detengo el tiempo
y, aun así, te desvaneces.
Hoy detengo el tiempo,
pero tiempo es lo que no tengo.

97. COMO EL OCASO DEL OTOÑO

No quiero que el tiempo me aparte de ti,
no supe ver los errores que cometí.
Al ver el brillo de tus ojos, supe perderte;
aun así, el dolor se extiende,
corriente que todo lo inunda
sin más consuelo que un borroso recuerdo;
vida pasada que no volverá a ser igual
como el ocaso del otoño. Así me siento yo,
muriendo cada noche, porque tú ya te has ido.

98. LO BUENO TARDA EN LLEGAR

Porque lo bueno tarda en llegar,
escucho el sonido de tu silencio.
Hoy el aroma a jazmín que tu piel desprende
evoca recuerdos de ti y de mí;
sin embargo, aun siendo fuerte, te extraño.
Quizás no sea más que un sueño difuso y lejano.
Mi corazón se cierra y mi alma se seca.
Hoy el amor que te profesaba se marchitó,
todo murió hoy.

99. RECUERDOS EN LA ARENA

Recuerdo los paseos que hacíamos por la playa, cogidos de la mano, mientras la brisa de otoño jugaba arremolinando tu melena. Yo absorto mirándote, no podía por menos sentirme el hombre más afortunado del mundo. Hoy evoco esos recuerdos, y la congoja y la melancolía me invaden como un virus.

Mis ojos buscan un motivo para no llorar, pero de manera irrefrenable tu recuerdo es más fuerte y mis lágrimas resbalan por mis mejillas, cayendo en la arena que tantas veces nos vio pasear y se hace cómplice de mi dolor.

100. LAS CALLES DE HOY

Las calles se me antojan angostos pasadizos, sombras que se alargan y a cuyo paso todo lo engullen, arrebatando a cada pasaje la luz y las ganas de seguir. Llenándome de melancolía, me despojo de todo lo que me recuerda a ti, de aquello que un día tuvimos y de repente se fue, de lo que quizás fuera un capricho del destino. Hoy las calles por las que camino junto a la veleidad de tus recuerdos atesoran en ti su umbría.

AGRADECIMIENTOS

Esta obra es fruto de un sueño, una ilusión por darme a conocer de una manera más íntima y personal, y por mi amor a la poesía. Por eso, quiero agradecer a todas las personas importantes en mi vida, a mi familia, mis amigos, mis profesores del instituto Epa Berbes. No daré nombres para no dejarme a nadie atrás.

Metáforas y otros poemas es un sueño hecho realidad gracias a mi editor, Carlos, y a todo el equipo de Exlibric, que me han ayudado a que esta primera obra salga a la luz y han confiado en mí como escritor novel, como un padre cría a su primer hijo.

Esto es un canto a todos aquellos a los que quiero y que me recuerdan el día a día de mi vida, a todas esas personas que me hacen feliz y de las que me siento orgulloso. Ellas saben de qué hablo. Gracias a todos por formar parte de mi universo.

ÍNDICE